A Children's Guide to the Ecosystem and Environment

The Earth revoles around a starting point.

By this, current lands will change, and merge into one mass someday. Earth lives. All living creatures on Earth live within the balance of our ecosystem. Man is one part of the ecosystem and we settle on all corners of the Earth. This is Earth's current environment.

When people talk about creating the environment, they think the more, the better.

In many cases, people show an interest in the environment, but don't make it their business.

However, our environment is not other people's affairs.

There is a real situation in which we are faced with some environmental issues.

Environmental issues not only involves preserving nature but it also deals with housing problems, educational problems, disease, economic issues, pollution matters, and much more.

All theses things happen in society. No matter what people say, we already live in a circle of environmental problems.

Right now, our environment revolves around a complicated system.

All things on Earth intertwine with each other. Even though, some people can't care less about the environment, they don't realize that they are already involved.

Having a good environment means that we live together within a healthy, happy space.

For this, when we encounter problems, we have to try to find the solutions.

We can't escape from environmental problems.

Environment is Human!

생태계를 지키는 아이들을 위한 안내서

풀과바람 환경생각 01

생태계를 지키는 아이들을 위한 안내서
A Children's Guide to the Ecosystem and Environment

개정1판 1쇄 | 2014년 7월 15일
개정2판 1쇄 | 2024년 2월 29일

글 | 김남길
그림 | 이리

펴낸이 | 박현진
펴낸곳 | (주)풀과바람
주소 | 경기도 파주시 회동길 329(서패동, 파주출판도시)
전화 | 031) 955-9655~6
팩스 | 031) 955-9657
출판등록 | 2000년 4월 24일 제20-328호
블로그 | blog.naver.com/grassandwind
이메일 | grassandwind@hanmail.net

편집 | 이영란
디자인 | 박기준
마케팅 | 이승민

값 13,000원
ISBN 979-11-7147-051-8 73470

※잘못 만들어진 책은 구입처에서 바꾸어 드립니다.

제품명 생태계를 지키는 아이들을 위한 안내서 | **제조자명** (주)풀과바람 | **제조국명** 대한민국
전화번호 031)955-9655~6 | **주소** 경기도 파주시 회동길 329
제조년월 2024년 2월 29일 | **사용 연령** 8세 이상
KC마크는 이 제품이 공통안전기준에 적합하였음을 의미합니다.

⚠ **주의**

어린이가 책 모서리에
다치지 않게 주의하세요.

생태계를 지키는 아이들을 위한 안내서

글 김남길 · 그림 이리

풀과바람

머리글

　세상은 돌고 돌아 언제나 제자리로 돌아갑니다. 그렇듯이 현재의 육지도 언젠가는 하나의 대륙으로 뭉쳐지겠지요. 지구는 살아 있으니까요.

　살아 있는 지구에는 무궁무진한 생명체가 생태계를 이루며 살아가고 있습니다. 사람도 생명체의 일부로 지구 곳곳에 보금자리를 틀고 있지요. 이것이 바로 오늘날의 지구 환경입니다.

　사람들은 환경에 대해 말할 때 '환경? 그야 좋으면 좋을수록 좋지.'

하고 단순히 생각해 버립니다. '관심은 있지만 내가 나설 일이 아니야.'로 판단하는 경우가 대부분이에요. 하지만 환경은 남의 일이 아니죠. 우리가 처해 있는 현실이 모든 환경 문제를 대변해 주고 있어요.

환경은 단순히 자연을 지키고 보존하는 것뿐만 아니라 주택 문제, 교육 문제, 질병 문제, 경제 문제, 오염 문제 등 사회에서 일어나는 모든 일을 포함하고 있어요. 즉, 자기가 환경에 관심을 가지기 싫어도 우리는 이미 환경 문제의 테두리 안에 갇혀 있는 거예요. 우리가 숨을 쉬는 이 시간에도 환경은 복잡한 시스템으로 돌아가고 있어요. 환경은 이 세상의 모든 것과 맞물려 있으니까요. 따라서 여러분이 환경에 관심이 없다 하여도 소용없어요. 환경이 여러분을 감시하고 간섭하기 때문이지요.

좋은 환경이란, 건강하고 행복한 공간에서 삶을 누리는 거예요. 그러기 위해서는 우리 주위에서 어떤 문제가 발생했을 때, 그것을 해결하려는 의지와 노력이 뒷받침되어야 하지요. 그렇지 않으면 우리는 어지럽고 불편한 환경에서 벗어날 수 없어요. 환경 문제는 당장 내 앞에 닥쳐 있는 일이니까요.

김남길

차례

1. 생태계가 뭐예요?

　　생태계는 자연이나 인공 상태에서 비생물군과 생물군이 서로 도움을

주고받으며 생명을 이어 나가는 순환 시스템입니다. 순수한 자연의 주인

공은 동물과 식물이고, 인공의 주인공은 사람이에요.

비생물은 무생물

비생물은 목숨이 없지만 살아 있는 생물 역할을 하는 것들이에요. 즉, 생물을 성장시키는 데 없어서는 안 되는 물, 공기, 햇빛, 흙을 말해요. 햇빛은 지구를 따뜻하게 데워 줍니다. 물은 생명체의 목숨을 지켜 주고요. 흙은 생명체들이 먹고살 수 있는 장소를 제공하지요. 공기는 생명체를 살아 숨 쉬게 합니다. 이 네 가지 무생물 중에서 한 가지만 빠져도 지구에는 아무것도 살지 못하게 된답니다.

생태계로 분류되는 생물들

생물은 온전한 생명이 있는 것으로 모두 세포를 가지고 있습니다. 지구 곳곳에서 환경에 맞추어 살아가며 생태계의 질서를 유지해 줍니다.

식물은 생산자

생물군의 첫째는 풀이나 나무와 같은 녹색식물입니다. 식물은 잎사귀로 햇빛과 이산화탄소를 빨아들이고, 뿌리로 물을 흡수하여 스스로 성장 영양분을 만들어 내지요. 이것을 '광합성'이라고 하는데, 빛 에너지

를 화학 에너지로 바꾸어 양분을 저장하는 시스템이에요. 식물은 이처럼 스스로 에너지를 만들어 성장하므로 생태계에서 '생산자'입니다.

동물과 버섯은 소비자

두 번째는 먹이 사슬 관계로 이루어진 동물군입니다. 생태계에서는 동물군을 '소비자'라 부르지요. 소비자들은 서로 복잡하게 얽혀 있어요. '죽느냐, 사느냐'의 관계로 1, 2, 3, 4차 소비자로 구분됩니다. 가령, 풀(생

소비자

산자) → 메뚜기(1차 소비자) → 개구
리(2차 소비자) → 뱀(3차 소비자) →
올빼미(4차 소비자)로 말이에요.

사람의 경우는 무엇을 먼저 먹느
냐에 따라 1차나 2차 소비자가 될

수 있습니다.
　　농부가 생산하는 농산물(생산자)
→ 농산물을 사는 사람(1차 소비자)

농부가 생산하는 농산물(생산자)
→ 가축(1차 소비자) → 고기를 먹는
사람(2차 소비자)

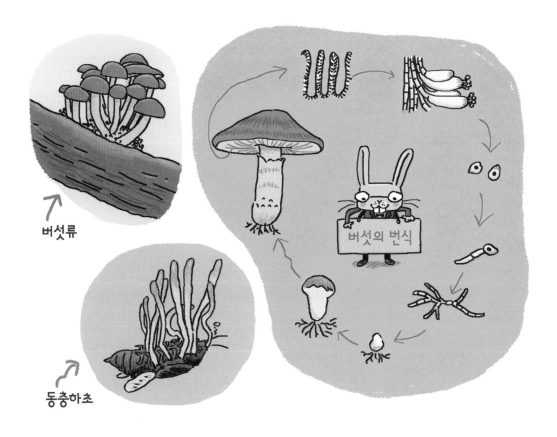

버섯류

동충하초

　균류로 분류되는 버섯은 생태계에서 1차 소비자의 역할을 합니다. 버섯은 엽록소가 없어 광합성을 하지 못하므로 스스로 양분을 얻을 수 없어요. 그래서 죽은 동식물의 몸에 달라붙어 양분을 흡수하지요. 보통 썩은 나무에서는 버섯류가 뿌리를 내리고, 죽은 곤충의 몸에서는 '동충하초'가 자라지요. 이 때문에 버섯을 '기생 식물'로 구분합니다. 그러나 실제로 균류는 온전한 식물과는 구별되는 별종이랍니다. 식물은 꽃을 피워 수정하여 씨앗이나 열매로 자손을 퍼뜨리지요. 반면에 균류는 스스로 포자를 만들어 자손들을 따로 번식시키거든요.

세균(박테리아)과 작은 미생물들은 분해자

세 번째는 죽은 동식물을 분해시키는 세균과 미생물입니다. 생태계에서는 이들을 '분해자'라고 하지요. 분해자는 동물이나 식물이 죽으면 빨리 썩혀서 자연으로 돌려줍니다. 식물은 분해자 덕분에 기름진 땅에서 양분을 얻어 튼튼하게 자라지요. 분해자는 눈에 보이지 않지만 생태계에서 너무 중요한 존재입니다. 만약에 분해자가 없다면 이 세상의 생

물들은 모두 멸종하게 됩니다. 왜냐하면 모든 동물은 먹이를 먹어도 소화를 못 시키고, 생물이 죽어도 썩지 않으니까요. 생태계는 이처럼 생산자 → 소비자 → 분해자 → 다시 생산자의 순서로 시스템이 순환하며 건강한 자연환경을 보존시킨답니다.

2. 생태계와 질량 보존의 법칙

넓은 범위로 지구는 커다란 생태계를 이루고 있는 자연 공간입니다. 그 안에서 생물과 무생물의 관계는 상호 작용에 의해 줄어들거나 늘어나지 않고 기본에 충실합니다.

왜 그런지 무생물을 먼저 볼까요? 햇빛(태양광)은 한결같은 세기로 지구를 비춰 줍니다. 공기는 정해진 양이 대기 안에 갇혀 있고요. 물은 육지와 하늘을 끊임없이 순환하기 때문에 수량이 변하지 않아요. 흙을 파내도 파낸 흙이 우주 밖으로 날아가지 않습니다.

마찬가지로 이러한 관계는 생물들에게도 똑같이 적용됩니다. 가령,

사람이 소변을 보면 몸무게가 줄어듭니다. 그렇다고 지구의 몸무게가 줄어드는 것이 아니죠. 몸에서 빠져나간 소변의 무게가 그대로 지구의 무게로 보태지니까요.

소변이 증발하면 어떻게 될까요? 수증기가 되어 구름의 무게가 더해지지요. 구름은 다시 비가 되어 땅으로 떨어집니다. 따라서 숲에 나무 한 그루가 더 자라고, 동물 한 마리가 더 태어나더라도 지구의 양적인 변화는 거의 없는 것이에요. 지구 생태계는 한정된 공간 속에 갇혀 있는 거예요. 화학에서는 이러한 원리를 빗대어 '질량 보존의 법칙'이라고 해요.

생태계에서 일어나는 질량 보존의 법칙

빙하가 녹았다면
바닷물과 강물이 불어난 것입니다.

물이 증발했다면 수증기로 바뀐 것입니다.

석유가 탔다면 기체로 남아 있는 것입니다.

동식물이 죽었다면 흙이 된 것입니다.

금을 캤다면
어딘가에 보관되어 있는 것입니다.

인구가 늘어났다면
소비되는 음식이 많아진 것입니다.

19

3. 생각하는 동식물

식물은 뇌가 없고 동물은 뇌가 있어요. 하지만 사람들은 동식물이 뇌가 있든 없든 생각할 수 없는 생물로 판단해 버리지요. 동물과 식물에 대해서는 '생각'이라는 낱말 대신에 흔히 '본능'이나 '적응'이란 말을 쓰지요. 과연 동물과 식물은 생각이 없는 것일까요?

즐거움이 식물의 성장을 도와요

오래전부터 과학자들은 식물의 성장 여부를 두고 여러 가지 실험을 했어요. 대표적인 실험이 식물에게 음악을 틀어 주는 방법입니다.

우리나라 과학자가 양파를 50개씩 두 무리로 나누어 실험했어요. 한 그룹은 클래식(고전 음악)을 틀어 주고, 또 한 그룹은 욕설을 틀어 주었죠. 2주 뒤, 양파를 조사했더니 놀라운 결과가 나왔어요. 클래식을 틀어 준 양파들은 모두 싹이 나온 반면, 욕설을 틀어 준 양파들은 불과 10여 개 남짓만 싹이 텄거든요.

위의 사례를 보았을 때, 식물은 소리에 민감하게 반응하며 성장에 영향을 받는다는 사실을 알 수 있습니다. 그렇다면 식물은 혹시 사람처럼 분위기를 파악하고 있는 것은 아닐까요?

숲에서 자라는 나무들은 집에서 키우는 나무보다 성장이 빠르고 활기가 넘칩니다. 물론 숲은 집보다 자연적인 조건이 잘 갖추어져 있지요. 하지만 숲의 나무가 잘 자라는 이유는 클래식과 같은 자연 음악이 있기 때문은 아닐까요? 숲에서 시시때때로 울어 대는 새와 곤충의 울음소리가 나무를 즐겁게 하여 성장에 도움을 준다는 말이죠.

생각이냐, 적응이냐?

식물은 주위 환경이 열악해지면 스스로 방어하는 법을 알고 있습니다. 극심한 가뭄이 들었을 때, 식물은 성장을 멈추고 잽싸게 열매를 맺는 쪽으로 방향을 바꿉니다. 이 결단을 내리지 못하면 자손은 고사하고 스스로도 말라 죽어 버리기 때문이지요. 그래서 위기가 닥치면 식물은 성장 에너지를 자손 에너지에 쏟아부어 대를 잇는 데 전념하게 됩니다.

여러분도 실험해 보실래요? 화분에 봉숭아를 심어 놓고 어쩌다 한 번씩 물을 줘 보세요. 잘 자라지 못한 봉숭아가 꽃을 빨리 피우는 장면을

관찰할 수 있을 거예요. 이러한 현상은 식물의 본능일까요, 적응일까요?
아니면 '어떻게든 자손을 남겨야 한다!'는 식물의 생각이 있어서일까요?

덩굴 식물인 나팔꽃은 이른 아침에 피었다가 해가 뜨면 지는 꽃이에
요. 그런데 나팔꽃 줄기는 항상 시계 반대 방향으로 감은 채 뻗어 나가
요. 사람이 강제로 덩굴을 시계 방향으로 바꾸어 놓더라도 결국은 원래
방향대로 바꾸지요. 우리는 이것을 나팔꽃의 유전적인 습성이라 알고
있습니다.

하지만 나팔꽃의 입장이 되어 생각해 본다면 다른 결론을 얻을 수 있답니다. 나팔꽃이 줄기를 뻗어 위로 올라가는 것은 햇빛을 많이 받기 위해서입니다. 그래야 나중에 건강한 씨앗을 얻을 수 있으니까요. 혹시 나팔꽃은 시계 방향으로 줄기를 감는 것보다, 시계 반대 방향으로 감아야 동쪽에서 뜨는 햇빛을 더 많이 받을 수 있다고 생각한 것은 아닐까요?

경험이 생각하게 만들어요

동물은 천적을 만나면 주저 없이 도망을 치거나 몸을 숨깁니다. 그것은 오랜 세월 동안 천적에 대한 경험이 쌓이고 쌓여 얻어 낸 교훈일 거예요. 한편으로는 '잡히면 죽는다!'는 본능적인 생각을 가졌다고 볼 수 있지요.

남극의 펭귄과 갈라파고스의 물개는 현재도 사람을 만나면 도망가지 않습니다. 사람을 천적이 아니라 자기들을 보호해 주는 친구로 생각하니까요. 하지만 누군가 사냥을 시작한다면 그 동물들도 사람을 천적으로 느끼고 도망치게 될 거예요.

1900년대 초기에 남극의 바다표범과 고래는 유럽의 장사꾼들에게

떼죽음을 당했습니다. 당시의 바다표범과 고래는 사람을 무서워하지 않았어요. 사람을 처음 보았기 때문에 피해 의식이 없었거든요. 그래서 사람이 접근해도 도망가지 않았어요. 그 바람에 남극의 바닷가는 피바다로 변했고, 바다표범과 고래들이 멸종 위기를 자초하게 됐답니다.

　남극과 달리 북극에 사는 바다 동물들은 사람을 천적으로 알고 있습니다. 사람의 그림자만 나타나도 물속으로 잠수하여 멀리 달아나지요. 북극의 동물들은 왜 남극의 동물들과 다른 행동을 했을까요?

북극은 예로부터 에스키모들이 뿌리를 내리고 살았습니다. 그들은 바다 동물들을 사냥하여 날것으로 먹었지요. 특히 지방이 풍부한 일각돌고래와 물범은 에스키모들이 가장 좋아하는 식량이었어요. 하지만 사냥당하는 바다 동물의 입장은 전혀 다르지요. 새로운 천적의 등장으로 공포를 느끼게 됐습니다. 날카로운 창이 일각돌고래의 등에 꽂힐 때마다 곁에 있던 동료들은 슬픔에 빠졌습니다. 새끼 물범이 끌려갈 때마다 어미는 가슴이 찢어졌습니다. 북극의 바다 동물들은 이러한 현장을 수없이 경험했을 거예요. 따라서 사람이 얼마나 무서운 천적인지 깨닫고 무조건 피해 다니게 됐지요. 전통을 지키는 일부의 에스키모들은 현재도 총으로 바다 동물을 사냥하고 있어요. 그런데 빙하가 줄어든 데다 바다 동물들이 예민하여 예전보다 사냥이 더 어려워졌다고 합니다.

철새들은 때가 되면 먼 곳으로 이동을 시작합니다. 기본적으로 유전적인 안테나가 계절을 감지하여 길 안내를 맡고 있지요. 하지만 철새들의 유전적인 안테나 속에는 '굶어 죽지 않으려면 먹이가 있는 장소로 옮겨야 한다.'는 생각이 깔려 있는 것은 아닐까요?

수리부엉이는 한겨울에 둥지를 틀고 새끼를 기릅니다. 따뜻한 봄에 새끼를 치지 않는 이유는 무엇일까요? 수리부엉이는 탁 트인 공간이 있

어야 먹이 사냥이 쉬워요. 꿩, 토끼, 쥐, 청설모 등의 먹잇감을 쉽게 발견하기 위해서는 나뭇잎이 떨어진 겨울 숲이 제격이지요. 만약에 수리부엉이가 봄에 새끼를 친다면 새끼를 제대로 키우지 못할 수도 있어요. 봄에는 수많은 맹금류 경쟁자가 숲을 휘젓고 다니거든요. 수리부엉이는 오랜 경험에서 얻은 생각으로부터 부화기 시즌을 선택했는지도 몰라요.

멧돼지는 겨울 먹이양에 따라 봄에 낳을 새끼의 숫자가 결정됩니다. 가령, 겨울에 도토리나 나무 열매를 많이 먹으면 성호르몬이 충분히 분비되어 많은 자손을 기대할 수 있어요. 그러나 먹이가 충분하지 않으면 새끼를 많이 밸 수 없지요.

건강하게 겨울을 보내지 못한 멧돼지는 봄에 새끼를 많이 낳더라도 약한 새끼들을 잡아먹습니다. 약한 새끼들을 희생양 삼아 나머지 새끼들을 튼튼하게 키우려는 것이죠. 모두 키우려다 보면 젖이 부족하여 새끼 전부를 잃을 수 있으니까요. 이것은 과거 세대의 경험으로 키워진 멧돼지의 지혜가 아닐까요?

30

4. 경쟁하는 생태계

동식물은 치열한 경쟁 속에서 살아갑니다. 어떤 이유에서라도 경쟁에서 지면 멸종의 길을 걷게 되지요. 그래서 동물과 식물은 예로부터 살아남기에 가장 적합한 환경에 뿌리를 내렸어요.

식물은 기후와 흙의 환경을 고려하고, 동물은 먹이의 여부로 삶의 터전을 결정하지요. 열대 지방에 야자가 자라고, 갈매기가 물고기 사냥을 위해 바닷가에 살듯이 말이에요. 이처럼 특정 지역에 적응하여 대대로 살아온 생물을 '고유종' 또는 '토속 종'이라고 부른답니다.

한해살이, 여러해살이

1년만 살고 죽는 식물을 '한해살이'라고 해요. 대부분의 잡초, 봉숭아, 벼, 나팔꽃, 완두콩, 수박, 참외 등은 봄에 자라서 가을에 자손을 남기고 누렇게 말라 버리지요. 이 식물들이 남긴 씨앗들은 새봄에 싹을 틔워 싱싱한 한 해를 시작하게 되지요.

한해살이보다 더 오래 사는 식물을 '여러해살이'라고 해요. 풀 종류 중에는 질경이, 냉이, 쑥, 토끼풀 등의 식물이 2년 이상을 살아요. 이 식물들은 가을에 잎과 줄기가 말라도 겨울에 뿌리가 살아남아 봄에 새순이 돋아나지요.

여러해살이를 대표하는 식물은 나무입니다. 그중에 오래 사는 종들은 천 년 이상을 살지요. 나무는 한 해씩 성장해 갈 때마다 기둥 속에 나이테를 남겨요. 주로 사계절이 있는 지역에 사는 나무들의 나이테가 또렷하게 나타납니다. 나이테 한 개는 1년을 뜻하고, 나이테의 간격이 넓을수록 나무가 굵게 성장한 거예요.

싸우는 식물들

우리나라 나무의 대표적인 종은 소나무와 참나무입니다. 어느 지역을 가더라도 이 나무들을 쉽게 볼 수 있어요. 그래서 소나무와 참나무가 '우점종'을 차지하는 경우가 많아요. 어떤 곳에는 소나무가 군락을 이루고, 또 어떤 곳에서는 참나무가 숲을 이루고 있지요.

자연 상태에서 소나무와 참나무는 눈에 보이지 않는 전쟁을 치릅니다. 일종의 자리싸움이에요. 두 종의 나무가 골고루 섞여 있는 혼합림에서 어떤 전쟁이 일어나는지 알아볼까요?

식물의 무기는 햇빛입니다. 햇빛을 많이 받는 쪽이 성장이 빨라져 우

35

점종의 지위를 차지하게 되지요. 소나무는 잎이 가느다란 침엽수이고, 참나무는 잎이 넓은 활엽수입니다. 누가 햇빛을 더 많이 받을까요? 당연히 잎사귀가 넓은 참나무가 햇빛을 잘 받겠지요. 참나무는 소나무보다 빠르게 자라서 소나무를 그늘로 가리게 됩니다.

소나무는 광합성이 제대로 이루어지지 않아 성장이 더 느려지지요. 결국에 소나무는 양분이 부족하여 죽어 버리고, 그 자리를 모두 참나무가 차지하게 된답니다.

하지만 참나무가 우점종을 차지한 숲도 그대로 보존되지 못합니다. 나무 중에는 햇빛을 덜 받아도 잘 자라는 음지 식물이 있습니다. 단풍나무, 서어나무, 이팝나무가 대표적이에요. 이 나무들의 씨앗이 참나무 숲에 떨어져 뿌리를 내리면 참나무가 양분을 빼앗겨 서서히 말라 죽게 되지요. 그 후 진달래, 철쭉, 고사리 등의 작은 식물들이 참나무 숲에 진출하여 자리를 차지하게 되지요. 훗날, 그 숲은 다양한 나무가 뒤죽박죽 섞인 혼합림 형태로 변신하게 되지요.

목숨 걸고 싸우는 동물들

동물의 경쟁은 사람의 경쟁보다 더 심해요. 사람은 잘살기 위해 땀을 흘리지만, 동물은 자손을 남기기 위해 목숨을 걸지요. 그 과정은 눈물겹습니다.

사마귀의 특기는 풀숲에 숨어 기도하는 자세로 먹이를 기다리는 것입니다. 달리 보면 '한 푼 줍쇼!' 하며 동냥하는 자세입니다. 메뚜기가 근처에 오지 않으면 하루 종일 굶을 수도 있어요. 다행히 메뚜기를 사냥하여 밥상을 차려도 문제입니다. 개미가 먹이 냄새를 맡고 달려와 식량을

가로챌 수 있어요. 어느 순간 새가 날아와 먹이를 먹고 있는 자기를 물어 갈지도 모르고요. 사마귀는 대를 잇기까지 힘겨운 고비를 수없이 넘겨야 하지요.

꿀벌은 여왕벌을 모시며 사회생활을 합니다. 일벌들은 부지런히 꽃을 찾아다니며 꿀을 모으지요. 꿀벌이 꿀을 모으는 이유는 겨울에 먹을 식량을 저장해 두기 위해서입니다. 그래야 여왕벌과 애벌레들을 튼튼하게 보살필 수 있으니까요. 사람이 은행에 돈을 저축해 놓고 필요할 때 빼서 쓰는 것과 같습니다.

그런데 꿀벌의 천적은 말벌입니다. 말벌은 꿀벌처럼 집을 짓고 살지

만 꿀을 모으지 않아요. 툭하면 강도가 되어 꿀벌 집으로 쳐들어가 꿀을 훔쳐 먹습니다. 말벌은 꿀벌보다 크고 힘이 세서 한 마리가 일당백의 역할을 합니다. 큰 턱으로 꿀벌들의 목을 자르고 큰 침으로 수십 마리를 해치우지요.

가을이 되면 말벌들은 유괴범으로 직업을 바꿉니다. 떼거리로 꿀벌 집을 습격하여 닥치는 대로 애벌레들을 물어 가지요. 말벌들은 사냥한 애벌레들을 여왕벌에게 바치고 자기들도 맛있게 먹어 치웁니다. 다가오는 추운 겨울을 버티려면 고단백 에너지로 영양을 보충해 두어야 합니다. 말벌은 겨울 식량을 저장하지 않으니까요. 그러나 유괴 시기에는 꿀벌들도 말벌들에게 일방적으로 당하지 않습니다. 대가 끊기는 것을 막

기 위해 목숨을 걸고 말벌들과 전쟁을 치르지요. 이때의 전쟁에서는 수
많은 꿀벌과 말벌이 희생된답니다.

노루 수컷들은 힘이 없으면 자기 자손을 낳을 수 없습니다. 힘센 수컷
이 여러 마리의 암컷을 독차지하기 때문이죠. 그래서 노루들은 짝짓기
때가 되면 서로 일인자가 되기 위해 뿔싸움을 합니다. 이때 싸움은 격렬
해서 뿔이 떨어져 나가는 경우도 발생해요. 싸움에서 승자가 된 노루는
암컷들과 짝짓기할 수 있는 권리를 얻게 되지요. 그러나 싸움에서 패한
노루들은 자손은 꿈도 못 꾸고 노숙자처럼 떠돌이 생활을 해야 해요.

5. 저절로 복원되는 자연 생태계

어질어질

해마다 자연에서는 엄청난 사건들이 일어납니다. 지진, 태풍, 토네이도, 홍수, 폭설, 산사태 등의 자연재해가 수시로 벌어지지요. 그때마다 자연은 큰 수난을 당하며 지형이 변하기도 해요. 그런데 자연이 저지른 일은 자연적으로 치료가 됩니다. 자연은 스스로 생태계를 복원시키는 회복력이 뛰어나기 때문이에요.

몇 가지 예를 들어 볼까요? 구불구불한 강줄기는 수십억 년 전부터 형성된 지형입니다. 빗물이 자연스럽게 흐를 수 있는 곳을 따라다니다 만들어진 것이 바로 강이지요. 그런 강을 사람이 간섭하여 강줄기를 반듯하게 파 놓으면 어떻게 될까요? 자연은 홍수를 일으켜 반듯한 강줄기에 퇴적물을 쌓아 덮어 버립니다. 그리고 구불구불했던 원래의 물길을 찾아 도도히 흐르게 되지요.

숲에 산불이 일어나 모든 나무가 타 죽었다고 가정해 봅시다. 이때 자연 생태계는 어떤 일을 할까요? 비가 내리면 잿더미가 된 숲은 촉촉이 젖습니다. 세균과 미생물들은 재를 분해시켜 양분을 만들지요. 흙 속에

서는 지렁이가 양분 덩어리의 흙을 먹어 치우고 유기물 똥을 쌉니다. 지렁이 똥은 땅속에 산소가 잘 드나들게 하여 땅을 더욱 풍성하게 합니다. 그 땅에 식물의 씨앗이 떨어지면 풀이 우후죽순처럼 자라게 되지요. 이어서 나무들이 경쟁적으로 자라나 불에 탔던 숲은 다시 우거진 숲으로 가꾸어집니다. 산짐승과 날짐승들은 그 숲으로 모여들어 보금자리를 틀게 되고요.

가뭄으로 어떤 저수지가 바싹 말랐다고 칩시다. 누가 보아도 저수지의 생물은 모두 죽고 없습니다. 그런데 비가 와서 저수지에 물이 차면 수초가 자라고 물고기가 돌아다니는 것을 볼 수 있어요.

대체 어떻게 된 것일까요?

민물고기들은 물이 부족해지면 진흙 속으로 파고들어 가 목숨을 지켜 냅니다. 수초는 잎과 줄기가 말라도 물만 있으면 금세 살아납니다. 그래서 저수지에 물이 차는 순간, 토박이 생물들이 다시 살아나 활동할 수 있답니다.

이번에는 실험을 한 번 해 볼까요? 산 밑에 침대 크기의 구덩이를 허벅지 깊이로 파 놓았어요. 그곳에 자연적으로 물을 흐르게 해 놓으면 작은 연못이 되지요. 이 연못에 앞으로 어떤 변화가 찾아올까요?

우선 연못 가장자리에는 풀이 자라고 물속에서는 수초가 싹을 틔움니다. 그리고 물을 좋아하는 수생 곤충들이 날아듭니다. 소금쟁이와 물땡땡이가 먹이 사냥을 위해 이사를 오지요. 잠자리, 모기, 하루살이 들은 알을 낳기 위해 연못을 찾고요. 개구리는 곤충이 들끓는 연못을 방문하지요. 연못에는 어느새 먹이 사슬이 작동하며 여러 종의 생물로 북적거리게 된답니다.

6. 환경이 뭐냐고요?

환경은 동식물이 살아가는 데 중요하게 작용하는 외부적인 요소들이에요. 즉, 자연 생태계와 사람이 사는 공간을 합쳐 '환경'이라고 정의할 수 있습니다. 좀 더 구체적인 환경을 알아보려면 세 가지로 나누어 살펴봐야 해요.

자연환경

자연환경은 기본적으로 사람의 손길이 닿지 않은 천연의 공간을 말

합니다. 동물과 식물이 주인공으로 살아가는 장소예요. 자연환경은 지역에 따라 산, 강, 바다, 섬, 사막, 극지방 등으로 구분됩니다.

자연환경의 특징은 생물들이 먹고 먹히는 치열한 경쟁 속에 살면서도 언제나 일정한 개체 수를 유지한다는 것입니다. 여러 종이 어울려 살면서도 멸종되는 종이 거의 나타나지 않아요. 소위 '생물의 다양성'과 '종의 보존'을 스스로 지켜 내는 공간이 자연환경입니다.

사회 환경

사회 환경은 문명 그 자체입니다. 사람은 문명을 앞세워 법, 제도, 규칙, 규범, 풍습, 조직, 계급 등을 만들어 서로의 관계를 돈독히 하려고 하지요. 또한 됨됨이 있는 사람을 양성할 목적으로 교육시키는 것이 사람 사회의 환경입니다. 만약에 여러분이 어른들께 인사를 했다면, 사회 환경의 구성원으로서 제 역할을 다하고 있는 거예요.

일부의 동물은 같은 종끼리 무리 활동을 하고 계급을 가지고 있습니다. 개미는 여왕개미, 병정개미, 수개미, 일개미로 나뉘어 있지요. 늑대는 우두머리 밑으로 서열이 정해져 있고요. 동물이 무리를 이루고 계급

47

여왕개미

병정개미

수개미·일개미

을 가진 것은 일종의 사회생활입니다. 그러나 동물의 사회생활은 자연 환경에 가까운 것이고, 폭넓은 사회 환경은 사람에게만 해당합니다.

생활 환경

생활 환경은 사람들이 편리함을 얻기 위해 인공적으로 만들어 낸 공간입니다. 좁은 범위로는 집, 건물, 도로 등의 시설물을 말해요. 넓은 범위로는 사람들이 모여 사는 도시, 농촌, 산촌, 어촌 등이 해당합니다. 우리의 생활 환경은 대부분 자연환경을 훼손시켜야 얻을 수 있답니다.

감자밭

공장

도로

아파트가 야산을 갉아 먹었습니다.

감자밭이 자생하는 나무들을 몰아냈습니다.

공장이 갯벌에 흙을 덮고 깔아뭉갰습니다.

도로가 산의 심장을 뚫었습니다.

골프장이 동식물의 서식지를 꿀꺽 삼켰습니다.

현재 자연환경의 일부를 빼앗아 이용하는 우리의 생활 터전은 쾌적하지 못해요. 대기 오염, 지하수 오염, 소음, 악취, 교통 혼잡, 폐기물, 쓰레기 문제 등이 우리를 괴롭히고 있으니까요. 생활 환경은 사람에게 편리함을 제공한 대신에 골치 아픈 불편함도 주었지요. 우리는 생활의 불편함을 이겨 내고 자연환경과 더불어 공존하며 사는 방법을 깨쳐야 합니다. 세상에는 공짜가 없거든요.

아파트

골프장

7. 먹을거리가
위험해요

사람과 동물이 '먹고산다'는 것은 미래를 보장받는 일이에요. 먹고사는 방법이 여의찮으면 미래가 불투명해집니다. 누군가 당장 100살을 살수 있는 약을 개발하더라도 먹는 것이 우선이에요. 사람과 동물은 생존을 위해서 먹지 않고서는 살 수 없으니까요. 그런데 지금은 환경 변화로 '무엇을 어떻게 먹느냐?'가 굉장히 중요해졌습니다.

벌레 먹은 배추가 좋아요

배추흰나비는 겨잣과(십자화과) 식물(배추, 무, 겨자)에 알을 낳습니다. 어미는 꽃의 꿀을 먹고 살지만, 장차 태어날 애벌레들은 매운맛이 나는 식물을 좋아하거든요. 과거에는 배추밭이나 무밭에서 배추흰나비들이 흔하게 날아다녔어요. 하지만 지금은 배추 농장에 가도 배추

흰나비들을 찾아볼 수 없어요. 이유는 식생활의 발달로 소비자들이 깨끗한 채소를 원했기 때문이지요. 농부들은 벌레 먹지 않은 배추를 생산하기 위해 배추밭에 농약을 뿌렸지요. 그러자 배추흰나비들은 대를 잇지 못하여 자취를 감추었어요. 소비자들은 벌레 먹지 않은 배추를 먹게 됐지만, 대신에 몸에 해로운 배추를 사 먹어야 하지요.

이러한 문제는 배추뿐만 아니라 모든 농산물에 해당합니다. 우리는 날마다 알게 모르게 건강에 해로운 농산물들을 식탁에 올리고 있어요. 해결책이 없는 것은 아닙니다. 무엇보다 소비자들이 인식을 바꾸어 실천하는 것이 중요합니다. '농약 없는 배추가 가족에게 이롭다!'는 생각을 가지고 꾸준히 유기농 배추를 소비해 주는 거예요. 그러다 보면 유기농으로 재배하는 농가가 늘어나고, 배추밭에는 배추흰나비들이 돌아오겠지요. 농가의 입장에서도 좋아요. 채소에 농약 치는 수고를 덜게 되어 생산비를 줄일 수 있으니까요. 그러면 배추도 싸게 공급할 수 있겠지요. 게다가 농약을 사용하지 않음으로써 대기 오염과 토양 오염을 막을 수 있습니다. 배추 한 포기 잘 사 먹으면 우리가 사는 환경도 그만큼 건강해지는 거예요.

무서운 유전자 변형 생물체

어떤 생물을 좀 더 효과적으로 생산하기 위해 탄생한 기술이 유전 공학입니다. 주요 목표는 생물의 품종을 개량하여 생산성을 높이는 데 있지요. 가령, 병충해에 강한 식물과 열매가 큰 식물을 교잡시키면 두 가지 장점이 있는 품종이 탄생하게 되지요. 이렇게 탄생한 새 품종은 사람에게 해가 되지 않아 농가의 소득도 올려 주지요.

그런데, 요즘에 널리 보급되고 있는 슈퍼 콩과 슈퍼 옥수수는 그 성질이 다릅니다. 생물에게 없는 새로운 유전자를 조작하여 탄생시킨 품종이기 때문이에요. 이것을 '유전자 변형 생물체(LMO 혹은 GMO)'라고 하는데, 안전성에 대해 논란이 많습니다. 과연 무엇이 문제일까요?

유전자가 조작된 LMO 농산물은 어떤 형태로든 스스로 독소를 만들어 낼 가능성이 큽니다. 자연적인 유전자가 아니라서 돌연변이를 일으킬 수 있거든요. 만약에 LMO 농산물에 독소가 생긴다면 그것을 먹은 생물들에게 어떤 부작용이 일어날지 알 수 없어요.

몇 년 전, 노르웨이에서는 LMO 연어를 키워 세상에 공개했습니다.

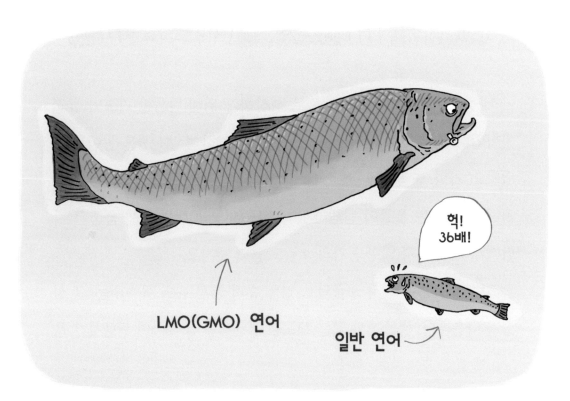

LMO(GMO) 연어

헉!
36배!

일반 연어

그 연어는 일반 연어보다 36배나 컸어요. 그래서 헤엄을 치지 못한 채 물 위에 둥둥 떠 있기만 했어요. 연구자들은 LMO 연어가 식용으로 안전하지 않다는 사실을 발견했어요. 사람이나 동물이 LMO 연어를 먹었을 때, 그와 같은 부작용이 생길 수 있는 까닭입니다. 노르웨이 정부는 당장 LMO 연어 연구 사업을 폐기시켰답니다.

미국에서는 LMO 농산물을 기를 때 강력한 제초제인 '라운드업'을 사용합니다. 라운드업은 잡초와 해충들만 전멸시키고 LMO 농산물은 죽이지 않습니다. 즉, LMO 농산물은 제초제보다 강한 내성을 지니고 있는 거예요. 제초제에도 죽지 않는 LMO 농산물이 인체에 들어갔을 때, 과연 해롭지 않을까요? 게다가 언젠가는 라운드업에도 저항하는 잡초와 해충들이 나타나게 될 거예요. 그때가 되면 라운드업보다 더욱 센 제초제가 LMO 농산물에 뿌려지겠지요. 우리의 식탁은 더 큰 위협을 받을 수 있고요.

미국 환경 보호청에서는 LMO 옥수수의 성분을 조사한 적이 있습니다. 그런데 일부 LMO 옥수수에서 소화가 안 되는 단백질이 발견되었어요. 미국 환경 보호청은 문제가 된 LMO 옥수수의 식용을 금지시키고, 사료용으로만 허가해 주었어요. 문제의 LMO 옥수수는 나중에 알레르기를 일으킬 수 있다고 해요.

우리나라는 LMO 콩과 옥수수를 전량 수입하고 있습니다. 대부분 콩은 식용으로, 옥수수는 사료용으로 말이에요. 우리 식탁에 자주 등장하는 두부와 장(간장, 고추장, 된장)의 원료는 콩입니다. 사람들은 국산 콩이 비싸므로 주로 수입 콩으로 식품을 만들지요. 수입 콩은 100퍼센트가 LMO 농산물입니다. LMO 농산물로 만들어진 식품은 아직 안전성이 확인되지 않은 상태예요.

현재 LMO 농산물은 가공된 원료 형태로 식품에 혼합되고 있습니다. 우리나라는 LMO 옥수수를 식품에 혼합할 수 있는 비율이 3퍼센트예요. 유럽이 0.9퍼센트인데 비해 함유량이 높은 편입니다. 옥수수 식품은 대개 과자류가 많아요. 그런데 가공된 LMO 옥수수라도 가축들은 100

퍼센트를 그대로 먹습니다. 우리는 그것을 먹고 자란 소, 닭, 돼지 등의
가축들을 소비하지요.

　영국의 한 농장에서 닭에게 LMO 옥수수만 먹여서 키우는 실험을
했습니다. 그 결과 LMO 옥수수를 먹은 닭들은 일반 옥수수를 먹은 닭
보다 폐사율이 두 배나 높았다고 해요. 이처럼 LMO 옥수수의 안전성
도 미지수입니다. 어떤 문제가 발생한다면 가축들이 먼저 신호를 보내
겠지요.

환경 파괴를 선도하는 LMO 농산물

LMO 농산물은 미래 식량 부족에 대비하여 미국에서 개발했습니다. 근본 취지는 식량을 증대시켜 굶주림 없는 세상을 이루자는 거지요. 하지만 실제의 속셈은 다릅니다. 미국의 다국적 기업들은 브라질과 아르헨티나와 손잡고 아마존 열대 우림을 대규모로 개발하고 있어요. 그곳에 경작지를 만들어 LMO 콩과 옥수수를 기르고 있습니다. 이 세

나라는 축산업이 발달했다는 공통점이 있어요. 즉, 대량의 가축을 빨리 살찌우기 위해 LMO 농산물을 개발하게 된 것이지요.

LMO 농산물의 증가로 아마존의 열대 우림이 큰 피해를 보고 있습니다. 해마다 서울 크기의 아마존 숲이 불에 타서 사라지고 있어요. 그때마다 먹이 사슬이 끊어져 5000~6000종의 생물이 멸종 단계에 이르렀다고 해요. 생태계에서 가장 중요한 생물의 다양성과 종의 보존이 파괴되고 있는 거예요. 그뿐 아니라 LMO 농산물은 지구 전체 환경에도 큰 부작용을 낳고 있습니다.

LMO 농산물을 기를 때 사용하는 제초제는 땅을 황폐화시킵니다. 강력한 제초제는 흙 속에 살고 있는 박테리아와 미생물마저 죽여요. 그래서 LMO 농산물을 2년 이상 키운 땅에서는 더 이상 수확이 되지 않습니다. 땅이 다시 살아날 때까지 몇 년을 기다려야 하지요. 하지만 LMO 농산물을 재배하는 생산자들은 그 세월을 기다리지 않습니다. 다른 땅을 개간하여 경작지로 만들지요. 그 과정에서 다시 열대 우림이 불타고

동식물이 사라지는 거예요. 아마존은 지구 산소의 25퍼센트를 생산하는 거대한 허파입니다. 숲이 불에 탈 때마다 지구의 산소는 점점 줄어들고, 기후도 후끈후끈 달아오르게 되지요.

한미 자유 무역 협정(FTA)이 체결됨에 따라 우리나라에도 LMO 농작물이 재배될 가능성이 커졌습니다. 미국의 다국적 기업들은 우리나라에 진출하기 위해 이미 농지를 확보했고, 종자 회사들도 사들였지요. 그들은 LMO 농작물의 종자와 제초제를 국내 농가에 보급할 계획이에요. 그렇다면 먹을거리 문제와 환경 문제가 땅덩어리가 작은 우리나라에 더 크게 작용하지 않을까요?

8. 식량 주권을 지키자

식량 주권이란, 자기가 자기 밥을 마음대로 먹을 수 있는 권리예요.
즉, 돈으로 밥을 사 먹는 것이 아니라 자기가 농작물을 직접 재배하여
밥을 먹는 것이랍니다. 누구든지 돈이 없으면 밥을 굶어야 해요. 하지만

직접 농사를 지으면 굶지는 않지요. 식량 주권의 기본 개념은 바로 이와

같습니다.

한 국가에서 말하는 식량 주권은 '자급자족'의 여부에 달려 있습니다.

자기 나라에서 한 해에 생산되는 농산물로 전 국민이 먹고살 수 있다면

자급자족이 되는 거예요. 그렇지 않으면 '자급자족률이 부족하다.'고

말하지요.

우리나라는 1970년대에 이르러 쌀만큼은 자급자족을 이루었어요. 그

후에는 식생활의 변화로 밥 대신 빵 등을 먹게 되면서 자급자족률이 계속 떨어지게 되었어요. 밥을 대체하여 먹을 수 있는 먹을거리들이 얼마든지 있으니까요. 우리나라 식량 자급률은 40퍼센트 정도이며, 곡물(식량 중 주식이 되는 쌀과 밀) 자급률은 20퍼센트 정도밖에 되지 않아요. 쌀을 제외한 주요 곡물 대부분을 수입에 의존하고 있죠. 이것은 우리나라가 '식량 주권이 거의 없다.'는 뜻이에요.

식량 주권을 지키기 위해서는 자급자족률이 70퍼센트 이상은 되어야 합니다. 선진국들의 경우는 자급자족률이 100퍼센트가 넘는 나라가 많아요. 산업과 함께 농업도 발달시킨 나라들이 바로 선진국이죠. 그런 의미에서 우리나라는 진정한 선진국으로 볼 수 없어요. 식량 주권이 부족한 농업 후진국이니까요.

식량 주권은 우리의 생존권과 직접적으로 연결되어 있습니다. 사람은 '먹지 않으면 살 수 없다.'고 했지요? 그것이 바로 무기입니다. 식량이 넉넉한 나라는 식량이 부족한 나라를 총 한 방 안 쏘고 항복시킬 수 있어요. 어떻게 그럴 수 있을까요?

식량을 대표하는 곡물과 작물(식량 중 사람뿐만 아니라 동물도 먹는 콩, 옥수수 등)은 기후의 영향을 많이 받습니다. 갑자기 세계적으로 냉해, 홍수, 태풍, 가뭄, 기온의 변화 등이 생기면 수확량이 대폭 줄어들게

되지요. 식량 생산량이 떨어지면 동시에 식량값이 크게 오릅니다. 자급
자족률이 부족한 나라는 식량이 비싸도 사 먹을 수밖에 없습니다. 그런
데 갈수록 세계 식량의 수확량에 비상이 걸리면 어떻게 될까요? 자급
자족이 부족한 나라는 식량이 아무리 비싸더라도 수입해야 합니다. 식
량 수출국이 배짱을 부리고 안 팔겠다고 하면 부르는 게 값이 될 수도
있고요. 그쯤 되면 우리나라가 자동차를 아무리 많이 수출해도 밑 빠진
항아리에 물 붓기예요. 식량을 사 먹는 데 비용이 너무 많이 들어서 경
제가 무너집니다. 소위 외국의 경제 식민지가 되어 모든 국민이 가난해

지지요. 그래서 식량 주권을 '소리 없는 전쟁'이라고 한답니다.

　식량과 더불어 육류도 소리 없는 전쟁을 치르고 있습니다. 국내로 어마어마한 양의 고기가 수입되고 있어요. 그 바람에 축산 농가들이 위기에 몰렸지요. 사룟값이 오르자 농가들은 생산비가 늘어나게 되었어요. 그런데 생산비가 오른 만큼 솟값이 오르는 게 아니라 오히려 더 떨어졌어요. 소비자들이 비싼 국내산 대신에 수입 고기를 즐겨 먹기 때문이죠. 축산 농가들은 울며 겨자 먹기로 소를 키우지만 키울수록 손해가 생깁니다. 그 손실을 막기 위해서는 사룟값이 떨어져야 해요. 불행히도 고기

를 수출하는 나라 대부분이 사료도 수출해요. 그 나라들은 우리나라에 고기를 더 많이 수출하기 위해 사룟값을 내리지 않습니다. 아마도 축산 농가가 모두 망할 때까지 사룟값을 더 올릴 확률이 높답니다. 이 역시도 근본적으로 식량 주권이 부족해서 생기는 현상이에요.

위의 사례를 보듯이 사람은 생태계의 일원입니다. 풀이 많아야 메뚜기들이 먹고살 듯이 우리는 식량 주권을 유지해야 행복한 삶을 살 수 있어요. 우리 스스로 식량 주권을 지켜 내지 않으면 아무도 미래의 삶을 보장해 주지 않습니다. 생태계에서 먹이 사슬이 끊어진 것과 마찬가지니까요.

무엇보다 식량 주권을 지키는 일은 국가의 정책에 달려 있습니다. 국민이 식량을 사 먹지 않고 재배해서 먹을 수 있는 환경을 만들어 주어야 해요. 그러기 위해서는 농업, 축산업, 수산업에 투자를 아끼지 말아야 합니다. 국가는 국민의 생존권을 위해 땀 흘리고 희생해야 할 의무가 있으니까요. 또한 우리는 국내의 농산물을 많이 이용하여 농부들이 안심하고 농작물을 재배할 수 있도록 도와주어야 합니다. 그래야 농업 기반이 튼튼해져 식량 주권이 외국으로 넘어가는 것을 막을 수 있답니다.

9. 고유종이 살아가는 서식지, 강

  세상에서 가장 좋은 환경은 자연을 '그대로 놓아두는 것'입니다. 사람이 자연을 아무리 좋게 꾸미려 해도 그냥 내버려두는 것만 못하지요. 자연은 사람의 손길이 닿는 순간부터 이미 훼손된 것이나 다름없으니까요. 특히, 강의 경우는 더욱 그렇습니다. 강은 수많은 동식물의 터전이고 생명수입니다. 그래서 강이 오염되면 생태계의 균형이 깨지고 우리의 생명까지 위협받게 되지요.

2012년, 우리나라 4대 강(한강, 낙동강, 금강, 영산강) 사업 공사가 끝났습니다. 강줄기를 따라 큰 보로 물길을 막는 토목 공사였지요. 물 부족에 대비해 수자원을 확보해 두자는 취지로 공사했습니다. 4대 강 사업의 효과에 관해서는 아직도 논란이 계속되고 있습니다.

현대는 무엇보다 환경이 강조되는 시대입니다. 무분별한 개발로 인한 피해 사례가 너무 많기 때문이지요. 그래서 사업자가 자연 공간에 인공물을 설치할 때는 환경 평가를 받게 되어 있습니다. 환경 평가의 기준은 크게 '친환경적이냐?', '모두에게 이로움을 주느냐?'가 관건입니다. 당시 이 기준에 맞지 않아 4대 강 생태계의 건강성이 훼손될까, 걱정했죠. 강을 인공적으로 개발하면 어떤 부작용이 생길 수 있을까요?

수질이 나빠져요

강물은 흐르면서 자연적으로 물을 정화하는 기능을 합니다. 수생 식물은 산소를 발생시키고 모래와 자갈은 찌꺼기를 걸러 주지요. 미생물들은 그 찌꺼기를 분해해 수질을 맑게 하고요. 그러나 강의 흐름을 인공적으로 고치면, 그런 기능을 제대로 하지 못할 가능성이 큽니다.

흐르는 강물의 속도가 느려지면 많은 유기물이 강물에 떠다니게 되지요. 그때는 식물성 플랑크톤이 대량으로 번식하여 강물을 녹색으로 물들여 버리지요. 이것을 '녹조 현상'이라고 하는데, 강에 녹조가 생기면 수질이 나빠집니다. 그 와중에 공장의 오폐수가 직접 흘러들면 속수무책입니다. 과거 낙동강에 페놀과 중금속이 흘러들어 식수가 끊긴 적

이 있습니다. 당시는 4대 강 보가 없었을 때의 일이죠. 그런데 보가 만들어진 현시점에서 이와 같은 사건이 일어나면 어떻게 될까요? 4대 강은 국민의 식수입니다. 수질을 개선하려면 지류에서 흘러들어 오는 물을 미리 정화해야 합니다. 그러기 위해서는 정화 시설을 늘려야 하고 막대한 비용이 추가됩니다.

홍수에 취약해요

강물이 일시적으로 오염이 되어도 비가 내리면 강물은 다시 맑아집니다. 빗물이 강물을 희석하고 더러운 물을 재빨리 하류로 흐르게 하니까요. 때가 되면 강이 스스로 물갈이해 버리는 셈이죠. 그러나 4대 강은, 물을 일정하게 가두어 두기 위해 보를 설치했기 때문에 자연적인 물갈이가 되지 않습니다. 위의 강물만 보를 빠져나가고 아래의 물은 갇힌 채 맴돌게 되지요. 이런 상황에서 큰비가 오면 어떻게 되겠어요? 보에 막힌 강물이 주변의 농경지를 침수시키고, 강바닥에는 어마어마한 양의 퇴적물이 쌓입니다. 그 퇴적물을 제거하는 데 또 큰 비용이 들죠.

75

하상 침식과 역행 침식

4대 강은, 강물을 많이 가두어 두기 위해 강바닥을 깊게 파 놓았어

요. 그 때문에 본류에는 하상 침식이 일어나고 지류에서는 역행 침식이

일어나고 있어요. 하상 침식은 보에서 떨어지는 물살의 힘으로 강바닥

이 더 깊게 파이는 현상이에요. 이것을 '세굴'이라고 하는데, 방치하게 되면 보의 지반이 약해져 무너질 수 있습니다.

역행 침식은 강가나 냇가의 제방이 하류에서 상류로 무너지는 현상이에요. 본류가 깊게 파여 본류와 지류가 만나는 지점의 낙차가 커진 것이 원인이지요. 즉, 지류의 냇물이 본류를 향해 빠르게 흐르면서 양쪽의 제방을 무너뜨리게 된 것입니다. 그 결과로 강가나 냇가의 폭이 넓어지고 주변 도로와 농경지마저 무너지는 일들이 일어나고 있어요. 이런 현상은 장마철에 더 크게 일어날 수 있죠.

종의 보존이 어려워요

4대 강 사업으로 모래톱과 습지가 대규모로 사라졌습니다. 물고기는 산란터와 놀이터를 잃었고, 뭍에 살던 생물들은 안식처를 빼앗겼습니다. 공사 중에는 이미 많은 물고기가 집단 폐사했고요. 세계 유일의 단양쑥부쟁이 군락지는 삽차가 걷어 냈습니다.

4대 강 주변은 약 68종의 고유종이 살아가는 서식지였습니다. 4대 강 사업으로 강이 정체된 호수같이 변하자, 흐르는 여울을 좋아하는 유수성 어종들은 4대 강에서 사라질 수밖에 없었습니다. 흰수마자가 대표적입니다. 잉엇과의 민물고기인 흰수마자는 우리나라 특산종으로 낙동강이 고향이지만, 낙동강에선 사라졌습니다. 4대 강 사업으로 수심이 깊어져 이들이 살 수 없는 환경이 되었기 때문이죠.

우리나라 고유종이 우리나라에서 사라진다는 것은 전 세계적 멸종과 같습니다. 자연은 스스로 망가뜨리고 빠르게 복구하는 능력이 있지만, 사람이 강제로 망가뜨린 자연은 금세 회복되지 않습니다. 환경 단체에서는 4대 강에 사는 생물들을 멸종 위기종으로 분류하고 눈여겨보고 있습니다. 위기에 처한 생물들에 관한 관심이 이어져야 우리 강 또한 지킬 수 있지 않을까요.

〈4대 강에 사는 멸종 위기종〉

· 어류 – 얼룩새코미꾸리, 꾸구리, 묵납자루, 미호종개, 참마자

· 조류 – 재두루미, 흰목물떼새

· 포유류 – 수달

· 파충류 – 표범장지뱀, 남생이

· 연체동물 – 귀이빨대칭이(민물조개)

· 습지 식물 – 단양쑥부쟁이, 층층둥굴레

10. 향기 나는 자연

피톤치드가 숨 쉬는 숲

숲에 가면 상쾌한 공기를 마실 수 있어요. 나무들이 '피톤치드'와 시원한 산소를 뿜어 주기 때문이죠. 피톤치드는 나무들이 발산하는 항균 물질이에요. 나무들이 해로운 미생물이나 곰팡이 등을 제거하기 위해, 스스로를 지키는 데 쓰죠. 나무는 붙박이로 자라기 때문에 외부의 공격으로부터 자유롭지 못해요. 그래서 생명 유지를 위해 피톤치드를 생산하여 몸을 보호하게 된 거예요.

피톤치드는 활엽수보다 침엽수(소나무, 전나무, 편백나무)에서 많이 생산됩니다. 그중 편백나무가 피톤치드를 가장 많이 내뿜는다고 해요. 편백나무는 찜질방에서 자주 사용되는데, 항균 효과와 피로 해소에 좋다고 해요.

피톤치드는 미생물들을 죽이지만 사람에게는 오히려 약이 됩니다. 스트레스와 피로를 풀어 주고 심폐 기능을 튼튼하게 해 주지요. 숲을 찾아 삼림욕을 할 때는 오전 10~12시 사이가 좋아요. 나무들은 그 시간에 활발하게 광합성을 합니다. 그때는 풍부한 산소와 더불어 피톤치드의 향기도 진하다고 해요.

내륙의 습지, 늪

습지는 '물기가 많은 땅'으로 웅덩이처럼 가라앉은 곳이에요. 보통 내륙의 습지를 '늪'이라고 하지요. 늪은 지형과 관계없이 높은 산에도 있고 낮은 들에도 있어요. 자연적인 늪은 오래전, 화산 활동으로 땅이 꺼지면서 빗물이 고여 형성되었어요. 인공적인 늪에는 호수와 저수지가 있는데, 과거에 농업용수로 저장하기 위해 물을 가두어 놓은 것이 많습니다.

늪지는 잘 메마르지 않고 큰비가 올 때는 물을 가두는 역할을 합니다. 또한 수생 동식물이 고루 분포하여 생물의 다양성을 관찰할 수 있어요. 우리나라에서 가장 큰 늪은 경남 창녕에 있는 우포늪이랍니다.

바닷가의 습지, 갯벌

우리나라의 남·서해안에는 세계적으로 유명한 자연 습지가 많습니다. 바로 갯벌이죠. 갯벌은 강 하구와 바닷가에 모래나 진흙이 쌓여 만들어진 편편한 땅이에요. 밀물 때는 바닷물에 잠겼다가 썰물 때는 모습을 드러내지요. 갯벌은 유기물이 풍부하여 그곳을 생활 무대로 살아가는 생물이 많습니다. 그래서 해마다 철새들이 먹이 창고로 이용하며 쉬었다 가지요.

나무도 보고 숲도 보고

현대는 물질적으로 풍요로워 보이지만 정신적으로는 피곤한 시대예

요. 여러분이나 부모님이나 하루하루를 쫓기듯이 바쁘게 생활하지요.

우리가 환경을 그렇게 만든 것일까요, 아니면 환경이 우리를 그렇게 만든 것일까요? 분명한 것은 우리는 과거에 비해 편리함을 얻었다는 사실이에요. 대신에 무엇인가를 잃고 있어요. 혹시 지나친 개인주의가 아닐까요? '나만 잘되면 돼!' 하는 욕심 말이에요.

　그래요. 시대의 발전과 더불어 누구나 자기에게 유리한 쪽만 따르
게 됐어요. 남들이야 어떻게 되든 나만 잘나가면 되는 거지요. 그런데
그 결과가 우리 주위에서는 어떤 모습으로 비치는지 아세요? 바로 환경
파괴로 나타납니다. 여러분은 남몰래 주변의 환경을 어떤 식으로든 해

친 적이 있을 거예요. 사소하게 쓰레기를 버리는 것에서부터 나뭇가지를 꺾는 행위까지 말이에요. 그런 행위 하나하나는 작지만 모일수록 거대해지는 환경 파괴가 되지요.

어른들의 경우는 더욱 심각합니다. 개발이라는 이름을 걸고 대대적으로 환경 파괴에 앞장서고 있으니까요. 어른들은 이해관계가 복잡하여 각자 서로의 이익을 좇는 경향이 있습니다. 그렇게 개발되는 크고 작은

사업들은 많은 사람이 혜택을 보기보다 소수의 이익을 보장해 주는 것이 많아요. 그사이 멀쩡한 자연환경이 무참히 훼손되고, 대다수의 사람이 상쾌한 환경을 도둑맞게 되지요. 이것이 현대 사회가 겪고 있는 '불편한 진실'이랍니다.

'나무를 보지 말고 숲을 보라.'는 격언이 있습니다. '사소한 것에 연연하지 말고 넓게 생각하라.'는 뜻입니다. 그렇습니다. 세상은 멀리 볼수록 큰 그림을 그릴 수 있지요. 그런데 우리가 환경을 생각할 때는 나무도 보고 숲도 봐야 해요. 환경은 어느 것 하나 중요하지 않은 것이 없거든요. 사람은 생태계의 일부분으로 최상위의 동물에 속해 있어요. 하지만 지구 전체로 보았을 때 사람은 자연환경에 얹혀사는 한 마리 동물에 지나지 않아요. 따라서 여러분은 내가 사는 환경도 소중히 여기고, 지구 전체의 환경 변화에도 관심을 가져야 해요. 지금 지구 환경은 몹시 화가 나 있거든요.

생태계 관련
상식 퀴즈
단어 풀이

생태계 관련 상식 퀴즈

01 생태계는 자연이나 인공 상태에서 비생물군과 생물군이 서로 도움을 주고받으며 생명을 이어 나가는 순환 시스템이에요. (○, ×)

02 생물군의 첫째는 풀이나 나무와 같은 _____ 입니다.

03 식물이 잎사귀로 햇빛과 이산화탄소를 빨아들이고, 뿌리로 물을 흡수하여 스스로 성장 영양분을 만들어 내는 것을 _____ 이라고 해요.

04 식물은 스스로 에너지를 만들어 성장하므로 생태계에서 '소비자'예요. (○, ×)

05 균류로 분류되는 버섯은 생태계에서 생산자 역할을 해요. (○, ×)

06 버섯은 엽록소가 없어 광합성을 하지 못하므로 죽은 동식물의 몸에 달라붙어 양분을 흡수해요. (○, ×)

07 죽은 동식물을 분해시키는 세균과 미생물을 생태계에서 _____ 라고 해요.

08 특정 지역에 적응하여 대대로 살아온 생물을 '고유종' 또는 '토속 종'이라고 불러요. (○, ×)

09 1년만 살고 죽는 식물을 _____ 라고 해요.

10 여러해살이를 대표하는 식물은 나무예요. (○, ×)

11 LMO 농산물의 증가로 아마존의 열대 우림이 큰 피해를 보고 있어요. (○, ×)

12 한 국가의 식량 주권은 '자급자족'의 여부에 달려 있어요. (○, ×)

13 우리나라의 식량 자급률은 70퍼센트가 넘어 진정한 선진국이에요. (○, ×)

14 식량을 대표하는 곡물과 작물은 ＿＿＿＿＿＿의 영향을 많이 받아요.

15 세상에서 가장 좋은 환경은 자연을 '그대로 놓아두는 것'입니다.
(○ , ×)

16 강물은 흐르면서 자연적으로 물을 정화하는 기능을 해요. (○ , ×)

17 나무들이 발산하는 항균 물질을 ＿＿＿＿＿＿라고 해요.

18 습지는 '물기가 많은 땅'으로 웅덩이처럼 가라앉은 곳이에요. (○ , ×)

19 늪지는 잘 메마르지 않고 큰비가 올 때는 물을 가두는 역할을 해요.
(○ , ×)

20 우리나라에서 가장 큰 늪은 경남 창녕에 있는 ＿＿＿＿＿＿이에요.

21 강 하구와 바닷가에 모래나 진흙이 쌓여 만들어진 편편한 땅을 ＿＿＿＿＿
이라고 해요.

22 갯벌은 유기물이 풍부하여 그곳을 생활 무대로 살아가는 생물이 많아
요. (○ , ×)

23 쓰레기를 버리는 것이나 나뭇가지를 꺾는 행위 같은 작은 행동도 모이
면 환경 파괴가 돼요. (○ , ×)

24 환경을 생각할 때는 나무보다는 숲을 봐야 해요. (○ , ×)

25 사람은 자연환경에 얹혀사는 한 마리 동물에 지나지 않아요. (○ , ×)

정답
01 ○   02 녹색식물   03 광합성   04 ×   05 ×   06 ○   07 분해자   08 ○
09 한해살이   10 ○   11 ○   12 ○   13 ×   14 기후   15 ○   16 ○
17 피톤치드   18 ○   19 ○   20 우포늪   21 갯벌   22 ○   23 ○   24 ×   25 ○

생태계 관련 단어 풀이

광합성 : 녹색식물이 빛 에너지를 이용해 이산화탄소와 수분으로 영양분을 만들어 내는 과정.

교잡 : 사람이 인공적으로 생물끼리 수정을 시키는 일.

균류 : 꽃이 피지 않는 식물로 곰팡이, 효모, 버섯 등.

기생 식물 : 다른 식물에 붙어살며 영양분을 얻는 식물.

돌연변이 : 유전자 염색체 변화로 전혀 다른 생물이 태어나는 현상.

동충하초 : 죽은 곤충의 몸에서 버섯이 자라는 것. 겨울에는 곤충으로 있다가 여름에 몸속에서 버섯이 자라기 때문에 붙여진 이름.

먹이 사슬 : 생물들끼리 서로 잡아먹고 먹히는 관계.

미생물 : 세균, 효모, 원생동물 등 현미경으로 볼 수 있는 아주 작은 생물.

분해자 : 생태계에서 죽은 생물체나 동물의 배설물 등을 분해하는 생명체.

빙하 : 지상에 쌓여 있는 눈이나 얼음덩어리.

삼림욕 : 숲에서 좋은 공기를 마시며 산책함.

생산자 : 스스로 에너지를 만들어 성장하는, 생태계 안에서 다른 생물의 영양원이 되는 생물.

생태계 : 자연이나 인공 상태에서 비생물군과 생물군이 서로 도움을 주고받으며 생명을 이어 나가는 순환 시스템.

세포 : 생물체를 이루는 기본 단위. 세포가 없으면 생물이 아님.

소비자 : 생태계에서 스스로 영양분을 만들지 못하여 다른 생물을 통하여 영양분을 얻는 생물.

수질 : 물의 맑고 더러움의 상태.

식량 자급률 : 국내에서 소비하는 식량의 공급량 중에서 국내에서 생산할 수 있는 양이 차지하는 비율.

엽록소 : 녹색식물 잎 속에 들어 있는 초록색 색소. 빛 에너지를 흡수해 이산화탄소를 탄수화물로 바꿈.

오폐수 : 오수(더러운 물)와 폐수(공장이나 광산 등지에서 쓰고 난 뒤에 버리는 물).

우점종 : 식물 중에서 가장 수가 많거나 넓은 지역을 차지하는 종.

유전 : 부모의 어떤 특징이 자손에게 이어지는 것.

정화 : 더러운 것을 깨끗하게 처리함.

제초제 : 농작물을 해치지 아니하고 잡초만을 없애는 약.

질량 : 어떤 물질의 고유한 양. 변하지 않는 양.

천적 : 먹이 사슬에서 잡아먹는 동물을 잡아먹히는 동물에 상대하여 이르는 말.

퇴적물 : 강물에 떠밀려 하류에 쌓이는 흙, 모래, 자갈 등.

폐사율 : 어떤 생물이 죽는 비율.

포자 : 홀씨. 수정하지 않고 스스로 자손을 만드는 세포.

항균 : 어떤 균에 저항해 이겨 낼 수 있음.

산림욕장